POEMAS PARA AMARTE Y OLVIDARTE

Daniel Hernández

Sello: Independently published

ISBN: 9798708186195

DEDICATORIA

Quiero dedicar este libro a Dios inicialmente por permitirme cumplir con un sueño muy especial que perseguí durante muchos años, gracias por darme ciertos talentos y por permitirme poder llegar a otros a través de la poesía. Asimismo, a mi madre por tenerme siempre en sus oraciones, a mis seres de luz que desde la bóveda celestial me cuidan, (mi padre Harold y mi hermana Gisela), a mis bellas hijas Daniela y Gabriela por su incondicional amor, a mi hermana Scarlet por siempre animarme a creer y por confiar en mi y a cada una de esas personas especiales que me han apoyado a lo largo de este proceso que culmina con la salida este, mi primer libro:
POEMAS PARA AMARTE Y OLVIDARTE

CONTENIDO

AGRADECIMIENTOS

Siempre es muy grato poder contar con el apoyo y respaldo de esas personas que de una u otra forma te dan ese espaldarazo animándote a continuar adelante con tus proyectos, es para mi un honor y privilegio contar con ellos: Rony Meraz, gracias por creer en mis talentos y siempre apoyarme, Alex Trejo, por tu apoyo y solidaridad de practicamente toda una vida, Marco Pizzati por tu amistad y esas palabras de aliento que siempre reconfortan, Ulises Aguilar, gracias por ayudarme a saber perseverar y creer en mis dones, a Gabriela Deras, Hazel Cruz, Fanny Fuentes, Ana Romero, Patricia Reyes, Teresa Almendarez, Sylvia Bardales, Delmi Licona, Wendy Hernández, Jaky Avila, Jholany Velez, Ninoska Padilla, Paola Canales, Regina Montiel, Gisela Alcantara, Wendy Cano, Julia Sanchez y Jennifer Ruiz por todo su respaldo en distintos ambitos de mi vida, gracias infinitas por sus dones y carismas que me han llenado y transmitido a lo largo de todo este tiempo, son todos ustedes super especiales para mi.

PRIMERA PARTE

POEMAS PARA AMARTE

Me transfiero por medio de la poesía para transmitir estas pinceladas del amor que he irradiado a través de los años hacia las musas que han incendiado mi vida, mi corazón y mi alma, esta alma intensa y profunda que ha danzado a lo largo de pasajes de profusa pasión, condensando estos versos embrionarios que han salpicado mi incesante inspiración, traduciéndose en las elegías que se vuelven perpetuas cuando amamos.

VOS ME ENCANTAS

Aún en la plenitud de tu eterna inquietud
en la destreza de tu alma libre para volar
iluminada por la mañana en su naciente alba
saturada de esa belleza salvaje que embelesa.

Prendido de tus perfectas formas y armonías
pero aún más allá de tu delicioso ser de champagne
voy emigrando hacia tus risas que me contagian
de tu vivaz energía que me prodiga todo tu ser.

En la sinergia que me conecta a tus emociones
voy siguiendo tu rastro en cada frase que me dejas
en la simétrica expresión de tus labios tan hermosos
vos me encantas tanto como a ti te encantan las fresas.

Percibo en tu mirada de efectos ópticos extraordinarios
extraña luz que se desborda desde tu espíritu divino
vas transpirando la misma esencia que te permite volar
tal cual mariposa que se eleva al inmaculado firmamento.

Desde la suave brisa que nos alimenta de ilusiones
me pierdo en esos ojos tan misteriosos que tienes
en tu contradictoria rebeldía de no ajustarte a nada
vos me encantas como la montaña besa a diario al mar.

Analogías que se generan alrededor de tu posición
de siempre desear provocar el cambio más visceral
enternecida por la ingente pasión que te alimenta
vos me encantas tal cual el sol sorprende al ocaso a la luna.

Vos me encantas en la apacible cuna que me das
para arrullarme con tus palabras siempre certeras
vos me encantas en la distancia inexorable tan marcada
que desespera por profunda en su avenida más artera.

Te observo a tientas desde mi cama que te espera
o acaso la tuya que junto a tu deliciosa alma se despliega
estando así te puedo sentir desde aquí una y otra vez
vos me encantas tanto como ahora disfrutas de tu soledad.

ILUMINA ESTA OSCURIDAD

Cuando ves los astros celestes
esperas encontrar él porque
de todas tus inquietudes forzadas
a través del pendenciero tiempo

Ilumina esta oscuridad frecuente
atisba a los reductos del fraude
amplia a esta colisión sanguínea
escápate entre orbitas lunares

Enciéndeme como una llama
no me tengas miedo también
soy humano y soy carencia
soy sensaciones y paciencia

Perdóname por mis memorias, elévame
sácame de la oscuridad tan demacrada
que me tienta a perder mi cordura
que me insta a sumergirme en el vacío.

Ayer yo también fui una luz brillante
resplandor creciente que daño la luz del sol
hoy me arrojo desde el hastío de la soledad
que desato la impune suerte de mis días

Ilumíname cuando sienta frio
del olvido y la indiferencia
calienta mi cuerpo con tu luz
no me separes de tu esencia

Embísteme cada vez que te ríes
dame a probar de tu energía
de suave elegía que emana de tu boca
de profunda ternura que despide tu mirada

Préndeme en tus negros cabellos lacios
sofócame interminable mi amargura
soy mortal sediento, soy alma del viento
soy arpegio de la noche y vital melodía

Ilumina esta brutal oscuridad

tómame de la cintura, invítame a perderme
entre tus muslos, entre tus pechos
entre tus risas de ayer y de siempre

Bautízame entre tus besos de cerezas
protégeme de las dudas, de lo incierto
enséñame a no caminar por la vereda del miedo
y abrázame como si fuese la última vez.

¿QUIÉN ARDE MAS?

¿Ardo yo por los ingentes deseos de tenerte?
¿O acaso vos al leerme incrédula por mi pasión?
Te observo muy frecuente de colores y me inspiras
otras tantas veces andas de negro y no es por luto,
no te guardo pena, te encuentro irresistible
me quemo en tu mirada de dulce niña o quizá
de ardiente mujer que se quemaba en soledad
mientras escalofríos te recorren la columna
Sacudiéndote cada ápice de tus gruesas piernas
que descontrolan nuestra pasión incierta sin parar.

¿Quién arde más? ¿La brizna del fuego en madrugada?
¿O la insolente caricia perdida de tus sueños despiertos?
Cada vez que un pensamiento mío vuela, no lo dudes
te estoy abrazando a la distancia en un arrullo interminable
que me lleva hasta tus pechos majestuosos que denuncian
que mi boca tan golosa y sedienta se aproxima
te voy besando incluso hasta tu alma que solloza
te acaricio en tu sala de estar frente a la soledad,
soledad que nos marchita en un abrir y cerrar de hojas
de amapolas en jardín seco que contagia su aridez.

¿Quién arde más? ¿La semilla de tus deseos más vivos?
¿O mi cielo de estrellas donde actúas vos una y otra vez?
Me calientas la piel en cada pensamiento atrevido
que se escapa de tu mente que me quiere indagar
tus deseos tan ardientes son bocanadas de pasión
que me abruman tan despacio hasta la medula
cada noche me trastorna con su insolencia maldita
imaginándote en el umbral de tu serena habitación
despojándote de tus ropas que esconden tu real belleza
yo desde aquí te recorro ávido de sentir tu excelso cuerpo

¿Quién arde más? ¿Tus labios de terciopelo que me torturan?
¿O mis manos que desean dibujarte cada parte con mis dedos?
Te imagino cabalgando sobre mí, libre, plena y abierta
entregándome tus besos en mordiscos que me encienden
me arrastras sobre ti, no me puedo contener mi dulce niña
si en tus gemidos de placer me entierras agudas tus uñas
siendo aún más exquisito al ser amantes clandestinos
que se prestan a la magia de sentirse entre las sabanas

saturadas del sudor mezclado de nuestros cuerpos
que se deslizan en tenue luz con las miradas tan tiernas,
pero también pasión desbocada por no querer llegar a un final
con la llegada de cada orgasmo que nos somete y alimenta.
¿Quién arde más? ¿Vos que me anhelas en tus momentos inciertos?
¿O acaso yo que me desvivo por tenerte cautiva en mi mente?
No sé al final quien arde más, solamente sé que nos amamos
y deseamos con una salvaje vehemencia.

EN TUS LABIOS (ME PERDERÉ)

Regálame una vez más la magia de esa boca
déjame llenarme de tus dulces y cálidos besos
no respires mientras me besas hasta el alma
en la sentida madrugada que ardiente nos reclama.

En tus labios me perderé mientras pueda
de tu boca de cereza prendido siempre estaré
dame esas caricias que destierran mi frío
despierta una y otra vez esta pasión para hacerla leyenda.

Bríndame la seducción bordada más exquisita
que suba desde tu pecho hasta mi boca
amansa mi inquieta soledad cuando me besas
pronuncia mi palpitante nombre al hacerte mía.

En tus labios me perderé una vez más
haré batir mis alas mientras vuelo por tu cuerpo
me instalaré en tus reductos más espontáneos
para subirte al paraíso de tus fronteras carnales.

Obséquiame de tus dones en forma de besos
atrápame en tus sentimientos antes de danzar al viento
dime todo lo que sientes por mí que yo abriré mi alma
para hundirme contigo en la dulce premisa del encanto.

En tus labios me perderé por enésima vez
ya no dejaré que esta soledad me borre la paz
para sentirte esos labios carnosos que saben a crema exquisita
mientras nos unimos en un interminable beso celestial.

ARRÁSTRAME HASTA EL ABISMO (MI BELLA EDA)

Ella es el encanto de este bosque estacionado,
que no sabe de ciencias, pero sí de tormentas,
es el lustre de la inspiración más sagrada que me desconcierta,
ella se reinventa y no intenta ser estrella, es constelación abierta.

Arrástrame hasta tu abismo mi bella y exquisita Eda,
hipnotízame de tu misterioso magnetismo,
envuélveme entre tus gruesas piernas,
inyéctame tu dulce droga que me sustenta,
aunque al despertar tenga que cargar la desazón,
de la soledad más artera que me visita cada madrugada,
de los tiempos serpentinos que se escabullen,
entre tus cabellos largos o cortos de carbono.

Dame el consuelo de la dulce melodía vespertina,
que ondea por mis oídos desangrados,
sáname con la paz que emana de tu pecho,
cobíjame en la dulzura de tu prístina alma.

Miénteme sobre este cuento que es la vida,
hazme creer que me alimento de tu dulce ser,
provócame bajos instintos que te lastimen,
en el sudor de nuestros cuerpos entrelazados.

Publicaré una o quizá mil poemas más,
para sofocar mis sentimientos tan alterados,
en el borde de esta caldera que has hecho de mi corazón
y gritare a los vientos del mundo que por fin me has desgarrado.

Regálame esa sonrisa arisca siquiera una vez,
dime que aún estoy vivo que estoy a tiempo de creer,
que un día yaceré a tu lado impregnado de tu amor,
dime que eres mi jazmín, que eres mi orquídea más rara,
recíbeme en los recovecos de tu vientre,
dame la dosis de tu ardiente ser que me hipnotiza,
enséñame a no penar por tus caricias
y hazme tuyo al terminar esta poesía visceral.

SEDUCIRTE

Seducirte ya no es un arte, es mi forma de cazarte,
es la imagen viva de desearte hasta el hartazgo,
fiel materia de incandescencia que te cautiva,
cada vez que me acerco a ti a través de versos.
Es la certeza de poseerte al menos entre sueños,
mi tormento permanente de sentir el barullo,
de cada vena que se dispara hasta una galaxia
que se prende de calor en la energía de tu cuerpo.

Seducirte es mi pasatiempo favorito de cada mañana,
es encenderte la memoria a través de mi ardiente narrativa,
procesarte en mis desvelos culpables por desearte,
incendiarte tus sentidos para que me adhieras a vos.
Es la primavera más robusta que se extiende fecunda,
es el peligro latente de perturbar tu mente a raudales,
en la pringada tarde que se deshace bajo tu vientre,
deseando que llegue a mancillarte milimétricamente.

Seducirte es el aviso que llega hasta el último momento,
de cómo quiero sostenerte sin dejarte caer ni una vez,
es la memoria no colectiva que te embriaga sin dudarlo,
con cada artero demonio que te quiso subyugar al anochecer.
Te seduzco entre las sabanas de mis indecentes palabras,
te seduzco una y otra vez en un contrato sin vencimiento,
te seduzco en la morada de mis deseos más fructíferos,
de esos que te anhelan bajo la sombra de mis caricias.

Seducirte es el elixir más abierto al infinito de tus formas,
es la sustancia exquisita para rendirme ante tu piel,
es el murmullo fragante de sentirte reconfortada,
en las profundas aguas del deseo que nos consume.
Te seduzco en cada beso adornado con tu sabrosa lengua,
te seduzco en la elegía de tus pechos que me atormentan,
te seduzco en cada toque al abordarte tus suaves piernas,
y me sumerjo entre ellas seducido por tu candente y tibio sur.

CUANTO QUISIERA

Quisiera acariciar tu voz, vagar por valles de tesitura angelical,
ser alma inquieta para perderme entre tus sueños,
marearme en cada respiro que te siento abnegada y profunda.

Quisiera mojarme con tus lágrimas y transformar tu dolor
en dunas de aliento, destrozar tu miedo ansioso y desconectar
tus arterias de nulidad que te hacen zozobrar.

Quisiera beber de tu veneno apasionado para morir entre tus brazos
que desnudan la luz, girar alrededor de tu cuello de encanto divino,
rondar tu piel, acechar tu ardor de mujer.

Quisiera contar en retroceso cada segundo que gime, descontrolar
y sofocar tu infame prisión, bautizar con caricias cada ápice de tu
piel que sabe a gloria, que propone descarada su monumental
tentación.

Quisiera ahora mismo desde la piedad de tu ser, abordarte entera y
sin contemplaciones, sumergirme entre tus suaves piernas de
vainilla y destilar junto a tus susurros intensos, tu esencia salvaje y
visceral suplicando nunca más de ti salir.

UNA DIOSA DE ÉBANO

Valió la pena subir esos escalones al cielo,
para encontrarme con su hermosa figura,
cada paso fue pagado con enormes creces,
al deleitarme con sus detalles de tan bella hembra.

Me extasié al contemplar sus labios rojos,
de esa boca de labios carnosos y tentadores,
a la que quisiera robar más de un cálido beso,
mientras me uno a los suyos de salvaje manera.

Tu sonrisa es primavera grandiosa que me alivia,
tu silueta me enloquece desde tu rostro tan grácil y hermoso,
hasta tus piernas gruesas que me hacen delirar,
mientras andas en esa demencial cadencia.

Tu aroma de mujer amante es muy evidente,
cada vez que regalas una mirada que atrapa.
Se quedaron prendidos mis ojos de su cuerpo,
al observar cada una de sus deliciosas formas.

Diosa de ébano esculpida sobre tu alma de mujer,
que irradias luz solamente con tu fina presencia,
en tus compases al caminar vas dejando huellas,
voy siguiéndote a la distancia hasta que te pierdes.

Que fuego tienes en tu mirada tan cautivante,
que hechiza deliciosamente toda mi cordura,
deseo sentirte en cada centímetro de tu increíble anatomía,
y al respirar ahogarme en una deliciosa agonía de placer.

Quiero deslizarme entre tu cuello mientras te beso,
y así palpar cada escalofrío que pasa por tu cuerpo.
El paraíso está diseñado en tu irresistible cintura,
que me distrae cuando te traigo a mi mente.

Caigo en un trance al contemplar cómo te meneas,
como para desearte abrazar y hacer sentir toda mi fuerza,
mientras te entregas sin reservas en cada caricia,
que se vuelve arisca brisa cuando pienso rozar tus labios.

Que deleite es ver las formas de tus pechos,

la perfección en ellos es evidente y me torturan,
al desearlos sentir entre mis manos y mi boca
y así saciarme de ellos mientras inquieto los recorro.

Muy despacio y suavemente desearía avanzar sobre tus delicias
hasta oírte gemir.
Hoy te observé lentamente y vi tu sonrisa abierta y encontré una vez
más esa mirada muy sensual y coqueta que me invita,
a desearte en mis sueños más profundos y divinos de donde nunca
desearía despertar.

MI LOCA AMANTE DEL MAR

Traspasando la tórrida tarde que nos marca puntual
el majestuoso ocaso,
se le suele encontrar a ella, mi loca amante del mar,
se desvanecen sus claros ojos mientras el espectáculo se esparce
en el horizonte,
prendida de la arisca brisa que le mueve su cabellera
pendenciera.

Ella es así, una aficionada delirante del enigmático y vasto mar,
se presenta implorando con sus pies descalzos sobre las arenas,
que le traen una increíble paz, que le provocan serenidad,
ella es hermosa y lo es aún más descifrando ese enorme y
salado manantial.

En su diario atardecer respira aliviada con colores y olores
que la hechizan,
esas olas muy crispadas le fascinan su sublime imaginación,
que a lo lejos divisa tritones, sepias gigantes y sabios delfines
que embelesan su mirada que se pierde extasiada y sin temor.

Encantada por el magnífico y exquisito atardecer de fino fondo,
me expresó segura:
"con un contexto tan hermoso como este, ¿quién no se inspira?
Ella es mi loca amante del mar y de sus maravillas que encierra,
ella sueña con adentrarse en sus confines para despejar
sus más íntimas posesiones.

El suave viento le acaricia su cuerpo que se lanza hacia su oleaje
va desplazando su figura mientras con sus brazos aletea
y aunque el cansancio ella acusa prefiere quedarse siempre
con la excusa,
de que su amado mar le refresca sus más intrínsecas ilusiones
para soñar.

Viejo mar de fondo coralino, los rayos del sol la hipnotizan,
penetrando intenso entre sus piernas que se anclan a la suelta
y blanca arena,
ella danza con las olas y se entrega voluntaria al placer eterno,
zambulléndose en sus sagradas aguas como consumada
y hermosa sirena.

En la playa ella se mueve y el viento se desliza absorto al observar
sus pasos sin prisa,
ella se goza del rocío que impacta su rostro y bendecida le ofrece su
otra mejilla,
para que bese su amado mar esa, su suave piel de elegía,
mientras palmeras distribuidas a lo largo del litoral puedan mecerse
a manera de un alucinante ritual.

Ella es mi dulce y loca amante del viejo mar,
entre su boca se escurre la espuma marina que nunca acaba,
esa que le hace sentirse unida a los placeres de este paraíso tropical,
conjugando su hermosura con el rico rumor del oleaje que la seduce
y le suplica vehemente su deliciosa presencia hasta el final.

CLAROSCURO (con el permiso de los dioses ocultos de tu ser)

Me introduje en tu mundo claroscuro de perlas ataviadas,
de brillo reluciente que están celosamente guardadas,
en los abisales dominios de las profundidades aquamarinas
de tus pesares.
Me dirigí a tus peñascos borrascosos desde donde te perfilé,
en cada momento oportuno, en cada detalle de aliento divino.
Me prendí en tu cintura de cuerpo celeste que me hace perder,
el rumbo de mi certeza estacionaria de este universo,
que me despliega a acariciar tu sonrisa en cada sombra serena,
en cada estallido de tu visceral presencia sobrehumana,
en mi desgastado y raído ser.
Me destile como la cerveza sometida a procesos añejantes,
de elaborada fermentación para expandirme hasta el cielo
de tu boca,
para rendirme de improviso en tus grutas silentes, pero…
de compases melódicos que resuenan solamente en tu pecho,
abierto a la ácida desventura del destino.
Me arrastre entre metáforas acéfalas al no permitirles emplear
tu potente y lúcida belleza en cada cuarteto,
en ricos versos del amor, ese que te cae a quemarropa
sin querer, sin avisar con elocuente andar de mensajero.
Me cole en tus recovecos inciertos de relativa luz
que me hacen acompañarte entre marañas…
de ironías inimaginables,
de doctrinas que rompes en la tesitura ardiente de las noches
más magistrales,
de las madrugadas más irreverentes que en sendas profundas
de tenues luces,
así observo tu figura extenuada pero finamente decorada,
en el pasaje de un mensaje que se vuelve virtud de esencia.
Te absorbí como la droga que te has vuelto para mí,
como el opio más sagrado que me lleva hacia tus brazos,
en la estancia febril de ese claroscuro que me regalaste
a contemplar por instantes un día de enero.

Desiderata: (latín) dícese del conjunto de cosas que echamos de menos y
deseamos.

DESIDERATA

Cuanto daría en esta perniciosa noche del húmedo trópico
poder escalarte completa desde tus pies hasta tus cabellos
prenderme de tu cuerpo que me hace trascender la locura
te deseo y no es un elemento para nada nuevo en tu mente.

Cuanto meneo en tu interior por querer aprisionarme aquí
con tus besos desprendidos con aliento de pasión carmesí
perderme en tu vientre mientras tus espasmos reverdecen
dibujarte con caricias y atormentar cada parte de tu ser.

Cuanto deseo permanecer entre tus brazos y me rodees así
con la brisa de la madrugada que nos desviste las penas
en cada latido de tus suaves formas me atraganto al tocarte
corro alegre tras tu cuello para seducirte siempre el alma.

En esta angustia la desolación se vuelve abril y mata lento
vas marcando mi vehemencia con cada transpiración
enloquezco en la frecuencia de sentirme unido a tu suspiro
ese que se pierde en la distante melancolía de perderte.

Te echo de menos en la ternura de tus palabras de miel
que me alimentan la tesitura de mis rasgos más carnales
¿quién podría asegurar que tu piel no es el milagro vivo?
Que se vuelve predicamento de mis fantasías existenciales.

Tu reputación precedente es más fiel que mi convicción
esa que se come impropiamente toda esta desilusión
que galopa en la calle ambigua de tus miedos vertidos
acompasados entre los tonos de tus sonrisas angelicales.

Las estrellas ya no gravitan en el espacio, ahora colisionan
se copta esta membresía con el dolor que prodiga tu silencio
así se parte el aire en el rugido de tu voz que ahora es lamento
al dejarme tirado en este espacio durmiendo en tus recuerdos.

Siempre te deseo yendo aún más allá del eterno y etéreo tiempo
te deseo con mi boca, con mis dedos y el impúdico pensamiento
te deseo en la secuencia del color amor que me has pintado dentro
te deseo en el olor de tu cuerpo transformado en mi ardiente pasión.

TUS LABIOS CARNOSOS

Fruta prohibida del Edén más enigmático,
fragancia suave y misteriosa son tus labios,
pasaje eterno hacia tus estremecimientos,
cada vez que puedo encarnarme en ellos.

Celeste cielo del placer que se derrama,
ansiado premio que reclamo cada día,
lance directo hasta tu alma peregrina,
que gime altiva en sus poses tan radiantes.

Labios que huelen a sándalo que se esparce,
mixtura de frutas deliciosas que te delatan,
exquisitez que se mueve desde tu boca,
en esos labios carnosos que me vuelven loco.

Paraíso que me brindas en cada furtivo beso,
cálida y profunda pasión que espesa tu saliva,
maravillas hace tu lengua enrollada a la mía,
me tomas prisionero mientras exploto en placer.

Tus labios son divinos, esencia de sabrosa hembra,
son mi tormento más esperado al anochecer,
mi suspiro más profundo en cada madrugada,
el deseo más inquietante cada vez que te hago mía.

Tus labios son mi rezo conductual hacia tu cuerpo,
mi salvoconducto para ofrecerte la inspiración,
de recorrerte una y otra vez sin saciarme de ellos,
y repetirlos en cada detalle mientras los dibujo con los míos.

Son una entrega voluntaria que me invitan a desearte,
al contemplarlos tentadores y tiernamente enrojecidos,
son fuego que arde en cada succión lenta y suave,
mientras nos vamos encendiendo y deseamos comernos.

Me trastornas con tus labios que me excitan,
manipulas mis sentidos cada vez que los siento,
lamiéndome, besándome y acariciándome sin fin,
¿Qué tendrán tus carnosos labios que me hacen delirar?

EN ESA PINTURA AL ÓLEO (TE TENDRÉ)

Cegado por la tenue luz de un lunes de abril,
disipe cierta parte de mi agonía al recordarte,
te vi exageradamente hermosa y muy ataviada,
con tus ropas de indigente, con tu cara lavada.
Sentí necesidad urgente de gritarte al viento,
de recorrer tus mejillas al observarte así quieta
de penetrar tu mente y robarte pensamientos,
de volver a soportar la deliciosa angustia,
de amarte, aunque nunca fui correspondido,
de tenerte, aunque sé que es solamente utopía.

Desvelado por tu imagen diáfana que me cela,
descubrí el sentido de morir entre tus besos,
esos que siempre deseé catar, que quise robar,
esos que se perdieron en el inexorable paisaje,
donde resides deliciosa en esa pintura al óleo,
quisiera irrespetar tu espacio al ir profanando,
cada parte tuya exquisitamente teñida en albura,
sé muy bien que es el tono ambiguo que no prefieres,
pero lo riegas,
en tu presencia de mujer, en tu agradable recorrido,
en mis cuadros mentales donde al final...
será posible poder tenerte.

CON TU PERMISO, MI AMOR

¿Será que dispones de cierto precioso tiempo?...
Hoy quiero seducirte salvajemente esa deliciosa mente,
quiero que tus oídos capturen en arrullos mi susurrante voz,
que se estremezca tu cuerpo con mi grave voz de trueno.

¿Cuento con tu permiso mi amada confidente y canalla mujer?
¿Me dejas que te adule y te narre como deseo hacerte el amor
con la suave y fresca brisa que baja de la montaña?
¿Quieres sentirte una vez más única y solamente mía en esta
noche que ya casi besa a la febril madrugada?

Déjame que te cuente como desplazare mi cuerpo sometido al
tuyo reptando como serpiente,
Dame un sin fin de horas para chupar de tus exquisitos
y hermosos senos de miel,
permíteme nadar alegremente entre tus piernas y hacerte delirar
de extremo placer,
clávame las uñas en mi espalda mientras te elevo...
delicadamente fuera de este mundo.

Solamente dímelo y así nos quedaremos
hasta que despunte el sol,
mientras tu placido rostro se quede adormilado en este,
tu regazo que te regala la indulgente pasión de mi amor.

TU DULCE VOZ

Siento el aire que proviene
de tus frases hechas canción,
muchas veces repetía en mi ironía
que tu voz era un enigma para mí.
Cada vez que abres tu boca
expresando los matices de tu ser
en tus cuerdas vocales me deslizo
procurando enhebrarme en su aliento.

En mis sueños más intensos, me desvivo,
voy escalando las fronteras de tu piel,
de tus sonidos magistrales,
en cada nota de tu boca que me disloca,
se desprenden pétalos abiertos de tu cielo,
ese mismo que habita en ti como sinfonía,
de delirios deliciosos que encantan mis oídos.

Siento tu aliento, que me cubre,
me sacude en tersas tesituras,
de tus versos finos de pasión.
Aún intento en cada segundo intenso,
recrear cada sonido tejido por ti,
cada vez que veo tu boca,
destilando los colores más honestos
de tu ser que me envuelve,
que me llena inconmensurable de ti.

Con tu dulce voz me transformo,
esperando en cualquier instante,
poder alcanzar el poder sanador
que prodiga tu susurro de eterna fantasía,
que me mata lentamente en sensaciones
asociando tu articulado acento con mi paz.

BELLA LOCURA ERES

Emparentada con el destello genial de tu dulce sarcasmo…
de elegía,
bella locura eres, paisaje de hadas en un trópico fugaz de
arenas tibias.
Sedúceme con las líneas casi perfectas de tu boca,
analogía deliciosa que me tienta a soñarte como fresas
esos tus labios finos y carnosos a la vez,
que me absorben el aliento,
de sentirlos unidos de manera literal a mi geografía física,
en tu intento tan sutil de escapar hacia el paraíso de
tu verdadera esencia
de mujer de coral con alegres colores que hoy se esconden
en la penumbra.

Me has enseñado no a sumar, sino más bien a soñar
en tu espacio delirante descompongo o arreglo este mundo
absurdo. donde claudicar no se encuentra en mi léxico de
poder arrebatar tu amor.
Disimulo en la desnudez de tu alma que me arropa
a la distancia con caricias de sonidos eclécticos
al imaginar tus palabras,
suaves en mi oído mientras me abrazas bajo la sombra
de un noble cedro real.

El sol no miente si te incendia, la lluvia no es inerte aun
en la oscuridad
bella locura eres, pintura al óleo de mujer con retazos
de digna sencillez, pero desbordante hermosura.
Te han aventado al vacío de la desgracia aun sabiendo
que eres tan dulce,
han tratado de desfigurar tu paciencia y aun así transmites
sana ternura.
Eres bella pero aún más terca, y no sabes renunciar
a querer siempre volar,
en esa locura perenne que te desboca y te convierte
en una exquisitez real.

VICIO

¿Qué más podría esperar de ti doncella celeste?
si me pierdes en los recovecos de tu cruel cuerpo
de colibrí que merodea el néctar de flores salvajes
entre lentos efectos de tu sabia danza ventral
si me orientas a desplazarme por tus sueños germinales
de delicada suavidad etérea que me contamina
sutilmente de tu esencia de placer que estaba dormido
de la gracia perpetua de tu cintura que me hechiza
bajo influjos de su roce emparejado cuando te alzo
sobre mis piernas temblorosas como tu espalda que se cimbra
cada vez que toco tus sinuosas formas que me fascinan,
atrapado estoy en cada arremetida que viene desde tus labios
que emite pulsaciones tenues desde tu agitado respirar
de tus pechos de magnifica y deliciosa manufactura
de los cuales me prendo una y otra vez sin saciarme nunca
que me embriagas como un bendito vicio tan oportuno
cada vez que la noche llega nos disparamos a mansalva
no nos importa que tan pertinente sea el ruido causado
mientras nos perdemos ardorosos en el lecho descarnado
de las caricias que te erizan la piel en suspiros fulminantes
en tu vientre de vapor que me recoge las penas del placer
en poesía disociada de la rima sobrepuestas por mi cuerpo
en sonetos desbordantes en la angustia de solamente ser mía
en cada herida desmembrada de tu alma antes solitaria
sos mi vicio y me vuelvo cada vez más adicto a tu ser
 a tus formas desquiciadas de hermosura que me trasloca
hasta el espacio más honesto donde ardemos solamente los dos.

MI DULCE AFRODITA

Desde tiempos inmemoriales de mi cansada mente,
te he venido persiguiendo en cada detalle de tu ser,
mi dulce Afrodita de latidos superlativos,
mi alma gemela de pasión abierta,
belleza salvaje que atisba al deseo,
ardiente Venus de dimensión etérea,
poniente de mi camino en sueños marginales,
escuadra de mis pensamientos más oscuros,
penitencia de mi cordura que se escapó en tu piel,
ráfaga de amor de fuente cristalina inmersa,
torbellino de mis tormentos más humanos,
cicatriz que nutre mi alma sedienta,
beso de la mañana que se vuelve un camino,
por donde transitan mis labios en la avenida de tus formas.
Dulce Afrodita de la delgada y febril noche,
escápate conmigo en el alba de las mentiras,
dime que estarás conmigo hasta el final,
despiértame con el calor hiriente de tu cuerpo,
traspásame con tu humedad de hembra magistral,
derríteme cada sentido con el fuego entre tus piernas,
hazme tuyo en el silencio de esta fábula irreal,
acércame las comisuras de tus labios,
para estamparte cada beso que sepa a verso,
sométeme entre tu vientre de atardecer floreado,
dime que estás en plenitud para perderme,
entre tus labios de vino tinto que humectan gloria,
desplázate agazapada desde tu paraíso del Olimpo
y ofréceme en tu mirada la salvación de mi solitario corazón.

EL NECTAR (DE TU ESENCIA)

Manantiales de perlas dislocadas de su hilo,
las mareas de tu suavizante ardor de hembra,
recorres agrestes veredas penando de hinojos
y el manto de la noche cubre tu fiel partida.

Siento el velo pregonante de tu estrella del alba
y los matices áureos de tu suprema hermosura
no dejan escapar tu esencia, trasnochada, bella
que me arropa en rezos, que se tiñe en besos.

Las maravillas de tu cuerpo me distorsionan,
me acercan a la diáfana locura que embelesa,
distractivos son tus labios tibios rojos carmesí
que me han prendido más de alguna vez a ti.

La matriz poblada de improperios explota en ti,
consumiste la tormenta que yacía en tu niebla,
esa que quiso ofender tu nobleza de gitana,
esa que tentó tus palabras rociadas al viento.

Tu locura no es predispuesta en esta tormenta,
las pupilas no distinguen al mordaz cazador,
que furtivo se manifiesta en la fatal espesura,
que te cubre las entrañas hasta el angosto final

Recogimos hoy los fueros de esos fieros días,
que templados se fundieron en el hondo frío,
sin saber que tu ternura iracunda se erguía,
más allá, donde tu esencia se vuelve sinergia.

El néctar de avasalladoras caricias me untas,
me has transportado de esta dimensión olvido,
al naciente manjar de tus formas displicentes,
al contacto de nuestros cuerpos al infinito.

Bautízame entre tus pechos de elegía sabia,
sedúceme entre tus brazos para condenarme,
al no querer romper nunca más el silencio,
que me sumerge sumiso en tu airosa melodía.

ESPÉRAME ANDREA

Andrea es el motivo de mis tertulias tuertas,
de mis accidentes mezquinos que nunca terminan,
ella enciende la luz en esta vida oscura y cerrada,
es como aliento divino perdido en el vientre matutino
de la aurora.
Espérame en la esquina de tus memorias Andrea,
cúbreme de tu retórica historia que sabe a paraíso,
a pasión desbordada por la gloria virginal de tus sueños,
dame de tu plato de barro y píntame con arcilla,
imprégname de tus ideas manchadas de color,
coloréame mi boca con tu boca de durazno,
impáctame en el centro de este corazón que ya no reacciona.
Dime hasta donde puedo llegar eterna doncella
señálame el camino que he buscado incesantemente,
no permitas que caiga en las fauces del salvaje olvido,
que tu sombra me proteja siempre linda Andrea,
ocúltame entre tus lágrimas para secarlas con caricias,
inclínate hasta el remanso de este manantial,
dime que no eres irreal mi musa antigua,
sepúltame bajo la gracia de un arcoíris,
para encontrarte interminable en mis sueños.
Dame el elixir de tus pechos mi fiel danzarina,
permíteme una canción en el salón de los almendros,
bajo esta cortina suave que arropa tu hermosura,
dime que mi delirio nunca terminara mientras
las estrellas iluminen tu desnudez de zafiros,
que el universo siempre conspirara para tenerte retenida
en mi imaginación de ficción.

SEDUCCIÓN (ENTRE TUS FORMAS)

En los senderos abismales
de tus negrísimas pupilas,
voy decorando con gestos,
que te inciten a desear,
ahora lo incierto, quizá lo prohibido.
En los caminos agrietados,
de tus labios tan finos,
tan excelsos y rojos,
depositando voy los besos,
que te puedan provocar, que te puedan encender,
hacia una dimensión de gozo,
que has olvidado por ahí.

Y el palpitar de tus reflejos,
deliciosamente voluntarios,
me conceden el alargue,
de tu apreciada agonía de placer,
al velar tus sensaciones,
que estuvieron reprimidas.

Me inspiro entre tus formas,
tan delicadas de semidiosa,
me transformo en poesía,
te deshago entre palabras,
vuelo absorto entre tus senos,
te disparo ráfagas de amor furtivo,
emociones que rayan la ternura,
suavemente te distraigo,
mi ser angelical de Venus
y me pregunto:
¿Acaso alguna vez me instalare en tu mente?
Para que así no intentes escapar
y poder decirte un día:
"Ya te envolví pausadamente,
entre luciérnagas de estanques
y jazmines de amena membresía".

En tus cabellos de seda
he enredado mis deseos,
voy por tu cuello misterioso,
capturándolo como señuelo

de magistral sendero.
Me deposito en tus oídos,
tan vulnerable estás,
otra vez nos perdimos
en la deliciosa frecuencia,
susurrándote lo que se viene,
me entretengo en tus caprichos,
de complacerte cada detalle.

En los recreos deliciosos,
de tus áreas más prohibidas,
voy explorando tus intentos,
de sentirte plenamente deseada mujer,
me concentro en tus zonas
más delicadas, más sensibles,
respiración tan agitada
y tus latidos a punto de estallar,
en mis plegarias a la virgen,
de la locura más visceral.

UN DÍA TE HARÉ CANCIÓN

Un día, pero no será hoy, te haré canción,
te transpirare a través de mi memoria para recolectarte en versos,
para adornarte con guirnaldas de rosas y jazmines,
te visitare en pensamientos y espero me recibas en tu alcoba de
sueños deliciosamente lúcidos y vividos,
te secuestrare al menos en imágenes para capturar tu sencillez de
hermosura,
dilatada hasta el sosiego que me has dado cada vez que he
pernoctado cerca de tus suaves muslos de diosa que no intentó
terminar ser esculpida,
capaz por mentirle al escultor de la vida que era suficiente
guardarse en su silente espacio de alba rechinante,
de masturbadoras elocuencias de belleza abstracta,
surrealista esencia de nitidez augusta y humildad cándida.
Despacio te iré recreando y te haré canción, melodía que corra
salvaje en mis oídos, exquisita entonación de melifluas formas,
destellos preñados de sonido mágico y visceral,
ensordecedora fragancia angelical de sueños y alquimia,
despacio te creare,
te haré canción en mi mundo insigne de profusas elegías,
de cereza y vino tinto, de vainilla y savia, de piña y aserrín,
de aposentos sagrados donde nos perdemos incesantes
al hacer el amor…
al menos en la locura omnipresente de mi mente
que con vehemencia te desea con ardor,
con infinitas ganas honestas al sembrarme en ti,
de especies inconcebibles que se unen más allá de la pasión,
más extraño que un paredón incólume en la agonía del firmamento
que se desprende cada vez que escapamos en orgasmos
imperecederos volando furtivos hacía el paraíso,
un día no muy lejano captare tu prestancia de leona en celo,
lo haré melodía incandescente en una lírica,
te rodeare la memoria fundamental de tu vientre para entregarte la
placentera experiencia de blancas y negras musicales,
así se desplazarán mis manos y mis labios en tu anatomía
cuasi perfecta,
te haré claves de sol dibujadas con crayones gruesos en tus mejillas
y en tus labios de almendra y manzanilla,
un día espero sea así, te haré canción, aunque parta al estoicismo
de saberte intocable, de solamente recrearte y hacerte melodía mía
en los sueños del ocaso.

ADICTIVA

Te volviste en mi súper adictiva
un delicioso ser que no puedo entender
en la riqueza de tu corazón abierto
que supura una inmensa y rica pasión
me volaste la cordura hasta mi desnivel
sin siquiera sospechar te fuiste esparciendo
por cada una de mis membranas raídas.
Contemplándote en esas instantáneas
me llevaste a complacerte tu frágil alma
sedienta del amor, urgente de la fina ternura
te describí en tu locura y en tus miedos
me desplace hasta los confines de tus dudas
me hiciste un hueco en el pecho y me perdí
en tu mirada tan profunda de ensueño.
Me sedujo tu honesta sonrisa de alhelí
y me dispuse asistir hasta la puerta de tu cielo
sensaciones tan intensas que sentí
entre tus líneas cada vez que respondías
no lo pude avizorar esto lo admito
que te estabas posesionando de mi vida.
Palabras que me absorbían en dulce ilusión
con frases que nos hacían encontrarnos
y aun sabiendo que entre los dos no había nada
te fuiste haciendo adictiva hasta mi medula
te comencé a hacer mía aun en la distancia
no tocaba aun tu piel y ya me quemabas.
Me trastornaste deliciosamente la paz
pues jamás, no volví a ser yo nunca mas
te metiste muy dentro mío, hasta mis pensamientos
reconozco tu influencia y no me arrepiento
que seas la droga ardiente que me sostiene
hasta la aguda madrugada que nos cobija.
Mientras charlamos de mis planes y de tus días
de tu ferviente premisa de vivir sin olvidar
que tu esencia es el alba de la esperanza
que tu respirar es el aliento de tu confianza
que cada palabra que rocías al viento es tu ser
que se decanta en ilusiones de encender tu vida.
Sos adictiva y me refugio en tus brazos
que me guardan hasta un nuevo día
sos adictiva y te introduces en mi mente

quemándome la razón, haciéndome arder
sos adictiva y te aprovechas de mi debilidad
que me provoca tu tentación de mujer
sos adictiva y me has tomado por completo
asaltándome el alma y haciéndome uno con vos.

NECESITO (DE TI)

Hoy más que nunca necesito de ti,
beber de tu alma misteriosa que me abre las heridas,
de este corazón en luto que traspasa senderos de dolor,
para prenderme de los destellos que lanza tu mirada,
esa que un día mis sentidos pudieron explorar,
haciendo volar en fragmentos exquisitos mis ideas
tan desordenadas.
Necesito de tus besos, aunque sé que nunca los tendré,
necesito de tus caricias que las siento solamente en mis sueños,
necesito de tus manos para recordar la fina textura de la seda,
necesito de tu cuerpo que me embelesa en un rito de elegía.
Hoy preciso de tus palabras, esas que nunca profesaron tu amor
por mí,
sé que no estoy en tu mente, que no soy de tu gusto,
que continuaré deseándote en la inmensidad de mi ser,
perfilando tu exquisitez de mujer en cada uno de mis versos
que te delatan,
en cada ápice perfecto de tu monumental cuerpo,
deleitándome al menos en mi imaginación profunda
en donde eres mía,
subyugándome al juego cruel de cerrar mis ojos
para acariciarte virtualmente en mi soledad.
He suplicado por tu afecto y no he obtenido ni migajas,
he desplegado un repertorio inmenso de delicias prosaicas
para tocarte,
pero el efecto sobre tu alma nunca logró desnudarte.
Necesito de ti y sé muy bien que nunca vendrás a mí,
necesito de ti y puedo darme cuenta que las sombras
de tu amor nunca brisaran a mi alrededor,
dentro de mi mundo bohemio me perderé en la tristeza,
cruel y galopante,
que me somete a cuentagotas en la miserable soledad
que me destroza.

TU BOCA SABE A FUEGO (DEL PARAÍSO)

Tu boca es ardiente preludio del sabor melifluo,
se sabe adaptar a cada íntima situación intensa.
Tu boca recoge los manjares de tus sentimientos,
es medicina para mis labios que sufren al no sentirlos.
Tu boca es el escenario de antesala para otras caricias,
es veneno exquisito que se degusta lentamente.
Tu boca es mi sabio tormento de sensaciones que me elevan,
de arrebatos apasionados cada vez que te imagino…
en mi cuerpo estampando tus besos.
Tu boca es el alivio provocativo que me pierde en la espesura...
de tu saliva tan espesa mientras te mueves sobre mí.
Es en tu boca de carmesí encarnado que me olvido de casi todo,
es ahí donde comienza la ficción de quererte poseer,
aunque seas lejana.
En tu boca riego mis latidos enajenados que desbordan mis deseos,
mientras acaricio tus mejillas de suave tacto que enerva mi cuerpo.
Tu boca sabe a fuego del paraíso, no esconde nunca su poder,
se ufana de dominar mi mente que cae rendida ante el encanto
de sus formas.
Tu boca me estremece en cada respiro que das,
es la ilusión perpetua de imaginarte algún día, mía para siempre.
En esa boca de perfectas comisuras me concentro,
cada vez que en una imagen a la distancia te redescubro.
Es esa boca hasta ahora prohibida que me alimenta,
al menos a imaginar en mi compleja soledad que algún día…
la podré probar.

CUANDO VIAJES (LLÉVAME CONTIGO)

Cuando viajes, llévame siempre contigo
nunca me dejes aquí, estar sin ti es asfixiante
es tortura ingente para mi ser que te desea
mi integridad misma se desvanece cuando te alejas.
No me despojes de tus besos de almíbar
y así mi mente se tornará sedienta de tu ser.
Aún más en la distancia impune que me consume
cuando viajes no me dejes penar por aquí
no me abandones en la distancia que duele
más que un golpe en mi rostro desencajado.

No te vayas al amanecer que mi cama arde
y se enfría sin el calor de tu cuerpo de semidiosa
no me dejes en la penuria del vespertino sol
pues su ocaso me reduce al llanto que derramo.
No te alejes en mi helada noche de fantasías
que te reclaman siempre mía, siempre una elegía.
Añórame como yo lo hago, aun perdido por tu amor
siénteme más allá de las montañas, no lo dudes
que mi cuerpo se entumece con tu ausencia
que me parte en miles de pedazos que hieren.

Cuando viajes no te olvides que soy muy tuyo
que me desgrano en cada nota para hacerte canción
siénteme y mírame volando en el mar de tu pasión
al desprenderme de la angustia sabiendo que volverás.
Entre las gemas más preciosas me dejaste absorto
contemple las gráciles formas de tu cuerpo infinito
me incline para besarte desde tus pies hasta más allá
y no me arrepiento de saturarte de felicidad prístina
aunque hoy transites por otras sendas, nuevos caminos
recuerda que en este reducto de amor estas siempre tú.

Cuando viajes más allá de tu alma que transpira el cielo
invítame a visitar tus encantos de mujer amante que emerge
de la profundidad magnifica que antes fueron miedos
enséñame a inspirarme entre tus brazos que me cubren
oriéntame aun en la distancia en la que me enterneces
prodígame de tu esencia tan pura que me adormece
dame tus caricias viajeras en la clandestinidad de tu ser
mientras recorras esos mares que veo a través de tus ojos.

**Absórbeme como una droga y yo te daré revelación pura
en la eterna suavidad de tu piel que me trastorna.**

EN MIS SUEÑOS (TE VI)

Desperté en la madrugada aun perturbado
sabiendo que en sueños del alba fuiste mía,
me regocije al tenerte para mí en ese lejano lugar
varado en lo más recóndito del bosque apartado
alejado del bullicio casi omnipresente del mundo,
pero ahí todo lo demás salió sobrando,
solo éramos tu y yo, una cabaña en la natura
fresca fragancia de floresta y musgos fundidos,
en las cortezas de miles de sombras de gran altura.
Salimos a danzar entre los senderos tapizados
no había señales que indicaran ningún rumbo,
solamente tu presencia magnifica de mujer
acompañaba mi silbido que elevaba un aleluya,
al tenerte entre mis brazos que rodeaban tu figura,
frágil y sincera cintura que me gestiona la salvación
de sentirte en cada anhelo de tu sentida respiración.
Van mis manos con el ritmo que cantan los zorzales,
mientras se desplazan por las avenidas de tus piernas
doblegándose nuestros pies al yacer sobre la hierba,
el entorno nos condena a sentirnos…
en cada fragmento de piel,
desbocadas nuestras bocas que se encuentran
una y otra vez.
Me estremeces con tu tacto, te quemo con mi pasión,
nos partimos en espasmos saturados de placer,
excitación salvaje rodeados de un verdor sin parangón,
recorro tus delicias de mujer sin adulteración,
me entretengo en la miel que libo desde tus senos,
me enterneces con esa dulzura cuando me susurras:
"estoy aquí para ti y deseo comas todo de mi".
Te deseo hasta morir, con la fuerza de mi alma,
te doy todo lo que pidas hasta el punto de desfallecer,
te mantengo en la agonía de brindarte cada orgasmo,
te mato de gozo mientras entro y salgo de ti,
me embargas de placer cada vez que te prendes de mi
rodeando con tus piernas de terciopelo mis glúteos,
te levanto sobre mí y te llevo a la locura más salvaje,
puedo hundirme entre tus piernas y me aprisionas ahí,
no puedo salir de tu zona más álgida y humana,
de tu contacto más trémulo ante mi lengua de seda
que te provoca estallar en gemidos agudos de placer.

te tengo así en mis sueños de la locura más ardiente
en el regazo de mi mente que te absorbe a diario,
entre las rosas que bordean desgajadas de sus pétalos,
sobre tus cabellos de negra sustancia que huelo desde aquí.
En mis sueños acaricio tus mejillas de algodón fragante,
tu mirada se proyecta sobre mi espacio más clandestino
ese que te provoca ser mía una y otra vez mas
y aunque sepa que realmente no sueño mientras duermo
voy desparramándome sobre ti, te cubro completamente
como la sombra más pasional y eterna que te anhela hasta al fin.

UNA GEMA DE ORIGEN EXTRAÑO

Salpicado por la absurda sabiduría que me ha dado el mundo
me quede absorto y perdido un día que no recuerdo muy bien
me extravié en tu belleza de Artemisa tallada en granito
me dispense en tu mirada de Afrodita que ve mucho más allá
del horizonte subyugado y sus problemas decadentes
que te encierran.
Me disloqué trastornado por tus encantos de amazona que baila
entre el océano indispuesto y la selva húmeda de tus labios.
extasiado por tu belleza cual gema de origen extraño
me quede cegado desde entonces por tu brillo espacial
de fulgores fascinante de cuásares, supernovas
y cometas influyentes.
Me quede prendido de tus muslos de albura indecorosa
de tus parpadeos que me tientan a contemplar tus pupilas
de tu espalda que me lleva a visitar tu deliciosa zona
de emociones, desparramada entre tu cuello arisco de ensueño
que me mata
y tu espina dorsal que te mueve en cada nervio...
como serpiente poseída.
Me fui penando de ese instante hacia adelante
pensando cómo abordar cada detalle de tu exquisita sencillez
de hembra que se disuelve en cada gesto de tristeza relativa,
en cada sonrisa de manifiesta locura
que me penetra súbitamente traspasando mi alma...
pseudo muerta,
elevándola a dimensiones nunca antes sentidas
de infinito bienestar.
Cuanto habré deseado sentir el gusto de tu lengua entrelazada
a la mía
desvanecerte con caricias de miel que te rocen cada tejido
externo de tu ser,
escaparme por breves momentos al menos para ocupar silente
el espacio de tus neuronas
que se expanden en vertiginosa carrera para romper las fronteras
de tu dulce locura abnegada
que me conmueve una y otra vez...
que me provoca tocarte las manos de Cenicienta que arde
mientras se escurre tu escasa y hermosa cordura latente
en tu pecho de volcán
queriendo irrumpir en tus sueños de avellana mezclados con la
suave brisa,

que desde el escondite trazado por tus anhelos se vuelve un mapa
inmenso,
para encontrar cada uno de los tesoros que has guardado
celosamente,
con la complicidad de tu amiga luna y las fieles lluvias
de tu invierno.

Hasta donde puedas estar y en el silencio de las interminables noches que desgastan mi cansada voz... quizás algún día te pueda encontrar. Para ti:

DELICIOSA MUJER (DE MENTA)

Deliciosa mujer añejada de exquisita menta
provócame con el último aliento furtivo de tu boca
asciende majestuosa desde tu reino germinativo
de esencia carminativa que me roba esta frágil cordura.

Incendia mi ser que constantemente suele padecer
de esa soledad que me fustiga incesante en cada anochecer
dame a probar de tus propiedades milagrosas con tu fragancia
en cada suave caricia que transpiras con cada grácil gesto.

Mis pensamientos se agolpan en la mente cavilante
por desear tu dulce compañía me he dejado atormentar
este dolor que provoca tu ausencia y solamente tú puedes paliar
cuando me dices entre susurros que algún día a mi lado llegarás.

Mujer maravillosa de sabor único y meliflua constitución
no me abandones en este oscuro camino en el que hoy transito
permíteme explorar tus más oscuros deseos mientras vivas
auscultando cada centímetro de tu insolente e imponente
cuerpo que me trastorna.

¿Qué hay más allá del cielo de tu ardiente boca?
voy inhalándote en cada detalle y te absorbo manifiesto
hasta lograr que tus poros se abran y me intoxiquen de pasión
cada vez que atravieso tu vientre buscando una explicación
a tu deliciosa tentación.

Mujer bendecida de menta en ti me quiero enhebrar
condúceme a recorrerte tu delineada espalda de nácar
regálame tus escalofríos para llenarme este cruel vacío
déjame encender esta pasión para quemarte
de la manera más ardiente.

Dama insaciable de los jardines primaverales más festivos
inspírame esa canción que siempre he querido componer
acompáñame a danzar en medio de este lacerante frío
que solamente puedo sofocar cuando siento tu aliento
como un rocío.

Perfecta mujer que se presenta imponente ante la oferta
que otros quisieran obtener más no saben que eres fuerte tormenta
diseñada para actuar en las tablas del viejo teatro de la insolencia
en ese acto magistral que me desnuda la razón y a tu ser dulcemente
me conecta.

SEGUNDA PARTE

POEMAS PARA RECORDARTE

La esencia viva de los recuerdos más interesantes y vehementes se desparrama mientras mi mente va evocando esas sensaciones y emociones que una vez me hicieron suspirar y sentir de manera sublime y apasionada el poder inigualable de ese amor intenso, despojado y hecho carne en cada palabra que trata de plasmar de la forma más fehaciente posible, cada latido en este ser que a flor de piel ahora solamente puede recordar.

LA LOCA

Nunca la pude llamar así, aunque sé muy bien que no le hubiese importado

¿Y qué más da?, si su hermosa locura es una bendición, lejos de ser una tara,

si se potencia en su indiferencia y el sarcasmo de no sentirse herida,

más allá de haber tenido que comer migajas del amor que no prodiga.

Es deliciosamente misteriosa y ella lo sabe, capitaliza sus dones en sus sueños,

es delicadamente bella y a veces no entiende que se la comen mis versos,

tejida de ilusiones lejanas que parecen no asomar, que no acuden a su encuentro

bordada va en su pecho de caricias del viento que también la abraza.

Salvoconducto de sus planes que la motivan ir cada vez mucho más allá…

no te le puedes acercar, es su locura su defensa y su muralla impenetrable,

enloquecida vaga en carruajes que le inyectan su preciada maternidad

es su deleite y buena parte de locura el compartir con su esperanza replicada.

Cada vez que las sombras del mal aparecen, ella las invita amablemente a un café,

se sienta y expone sus razones, a veces apacible y otras tantas rompiendo el silencio

les recrimina su intención de maltratarla y aún no sabe el por que las despide con una sonrisa satírica y aguda para que las acompañe al limbo.

Se despierta por las mañanas con cada desencuentro, por las noches repite su dosis,

amargas experiencias que no someten su amable y única sonrisa de atardecer floreado,

su mirada tan profunda que es brillante y alucina a las perlas de tesoros impensables,

su presencia que engalana y humilla a las visiones del paraíso que una vez soñé.

Ahora lo entiende más que bien, todo tiene sentido, no es error de manufactura,

su terquedad de resistir y su desmadre de locura son la sazón de su infinita razón,

adorna con música algo estridente su bendita soledad de las caricias faltantes,

es el sosiego de sus palabras la más preciada arma contra el canalla.

Es la loca más cuerda que haya conocido en la vida de los andares, de los ocasos,

es manantial de risas cortantes que rasgan el vuelo de un colibrí sediento de néctar,

es elixir de una libertad extraña que se empaña con sus gritos internos que saldrán

algún día desde su alma que clama la justicia de sus actos manifiestos que perduran.

Es la loca que se asoma desde la ventana del mundo, absorbiendo su conocimiento,

es la loca que se abstrae de la tristeza y los cambia por sueños devaluados por el tiempo,

es la mujer latente de su furia que emana desde la cordura que se pierde en lo salvaje,

es la esencia de la amante que desboca los estribos en una carrera aberrante de pasión.

Son sus bromas con sabor al toque más que humano, que se desgasta con brisa arisca,

loca plagada de incoherencias que transpira en los poros del soñador, del trovador,

loca en sus comisuras hermosas interminables que me hacen siempre delirar,

absurda y loca sos entre los sitios más fecundos de simple y majestuosa naturaleza.

Te absuelve la tristeza y a veces no lo sabes, que es un ángel que te guarda desde allá

y es que la loca se pierde entre sus recovecos de pensamientos y su mirada tierna,

y no es que no le importe el qué dirán, es que ya los sobrepaso, su paz la celebra,

la loca es fuente de luz en la fría oscuridad, ella es un signo de locura magistral.

DESAPARECISTE EN LA NIEBLA

Las gaviotas revolotean en un gris atardecer,

el peso de las gotas de lluvia, lastiman sus alas,

despacio se va a veces la vida y otras tantas no,

la distancia mata la primavera de nuestros sueños,

van marchándose las flores que por su fragancia extasiaban,

a lo lejos se divisa el viejo aire ralo de la arisca felicidad,

estertores de una estrella gigante que ya no brilla más.

Y tu... tu alcanzas la rejilla del desencuentro,

te lastimas por recuerdos de un ayer desorientado,

te revuelcas rodando cuestas que otros ya habían encontrado.

El infierno vuelve a tocar nuestras puertas,

se ha tornado en un frecuente indeseado,

acecha a las almas que aman sin prohibiciones,

se regocija del dolor que violenta al sosiego,

hace arder los corazones en columnas inmensas.

El aliento que ahora sale de tu sabrosa boca,

se condensa entre las capas de la erósfera

y te condena a respirar pausadamente, con un dolor agudo

que te traspasa hasta el alma.

Desapareciste en la oscura niebla de un beso,

panorámicas de sueños se desbocan incesantes,

quedan lunas sin luz, arden soles en invierno,

los disparos de tu boca disiparon mi vida,

hoy eclipses delirantes nos invitan a llorar,

las tragedias del amor, las finezas del consuelo,

vamos pernoctando en agujeros displicentes,

esos que acicalan la tristeza sin dudarlo.

La frecuencia del amor indiferente,

la constancia de los días malgastados,

mariposas que restriegan sutilmente la penumbra,

taquicardias esbozadas en las comisuras de tu mirada perdida,

un sagrado emisario de los cuentos milenarios,

de esos que te narran las más hermosas ficciones,

desapareciste en la niebla de un tímido abril,

sometida por el frío tierno y desgarrador de un desamor.

ELLA ES ASÍ

Marañas de pétalos se avizoran a lo lejos,

es Ana la que con su mirada lanza elegías,

de pasión que arde estoicamente en su pecho,

ella es el viento primaveral que inunda este cerco

tapizado de espinas.

Montones de arrebatados tucanes desvían su trayectoria hacia ella,

para que los arrulle en su afable sonrisa de cada mañana.

Ella canta en silencio y le pido entone más fuerte,

para así salpicar con sus deliciosas notas mis monótonos oídos.

Milenarios son los cuentos que encarnan a la dama misteriosa,

más nunca hubo un poeta que siquiera emanara con justicia,

de su beldad magistral que se esconde sutil como miel en un panal.

Mórbidos deseos se desatan en mi interior mientras la contemplo,

desatando el desconsuelo de no saberte mía,

respiro muy agitado y me observas por la ranura de tu ventana,

sé que algún día me invitaras a dejarte seducir

por mis intensos versos.

Multiplicadas están tus gracias, no se pueden ocultar al escrutinio, de mi vista aguda que te desnuda, de mis versos perversos

que te rozan la piel.

Tu mirada penetrante se abalanza mientras avanzas oportuna,

y tu cuerpo se estremece con cada caricia que te entrega

la brisa vespertina.

Momentáneo fue el fragor de la guerra desatada en su frágil alma,

estrepitosa calamidad dejó como resultado este cruento hecho,

que le han quitado la dulzura a sus comisuras,

de estructura anatómica en sincronía perfecta con su hermoso ser.

Manan versos en las entrañas de la profunda floresta,

sabe que ella se acerca a sus manantiales para refrescar su exquisito
cuerpo,

matas negras de cabellos producen chasquidos al rozar,

las cristalinas y heladas aguas que se permiten acariciarla.

Mutaron las eras más no alcanzaron dañar sus vivaces ojos,

que desprenden su meliflua e incesante sensualidad que embelesa,

ella no es de hablar mucho pues su mirada es la que transmite,

eso que deseo me envenene el alma con su toque apasionado que me
enciende una y otra vez en el misterio de su sagrado y exquisito
silencio al anochecer.

DERRAMADO SOBRE TI

Acuarelas de esta cálida tarde de agosto,

el viento suspira mientras acaricia tu dorso,

la tarde cae a cuentagotas desesperantes,

mientras te entregas devota a mi blanco lienzo.

Despistados van los elementos del viejo tiempo,

entre rumores que blasfeman sobre tu hermosura,

aniquilados seres delirantes que no logran sopesar,

la elocuencia que se estremece en cada palpitar tan tuyo.

Derramado sobre ti me diluyo una y otra vez,

me marcan los acordes de tu belleza prístina,

ignorando la bajeza seductora de los imberbes,

que no pueden apreciar más que tus formas,

más no tu fina esencia.

Agolpadas se encuentran mis palabras que ya no logran dormir,

acicaladas por tu albura circundante en toda esa,

tu escultural anatomía,

fulgurantes las estrellas desvanecen al apreciarte,

en esa pose de mujer efervescente.

Cuánto daría este hombre por probar de tus besos,

por beber de tus manos cada maravillosa caricia,

por impregnar mi alma de esa suavidad en tus gráciles palabras,

por aferrarme a tu cintura y reposar para siempre en tu regazo de epopeya.

LA LLORONA

En éstos días sin fe, de cantos rodados vagando en el valle de la ilusión, pude escuchar su llanto desgarrado de madrugada eterna arrullado entre las ramas de los sauces.

Llanto sincero y crudo de mujer, sin adulterar su amarga pena de andar y andar por los páramos de su desdicha que corre a borbotones como los ríos se lanzan incautos al mar.

Llanto que quebranta hasta al más duro e insensible ser de ésta historia triste que es la vida.

Historias de olvido, plagadas de pesares inciertos, tragedias monocromáticas, de dolor incesante que como alfiler agudo se incrusta sobre su pecho de soledad iracunda y rencorosa.

Sale de su interior alucinante una canción de lamentos hermosos, pues hasta en la tristeza existe la belleza incomprendida, hasta en su negro rebosante de luto, se esconde la vida, temerosa de avisarle al amor que el tiempo no nos perdona, que la muerte nos espera en la más polvorienta esquina para tragarnos de improviso, sin alicientes de darnos una segunda oportunidad.

Hoy te pude contemplar transitando una vez más, la calle de tus tormentos llorona, con tus santos de testigos que te arropan con miradas tiernas, que se despojan de sus torturas inenarrables sufridas en el ínfimo espesor de sus pieles... que te prodigan su solidario silencio que cautiva a todo aquel que te escucha cantar en la mitad de la noche, en las vertientes de la inmensidad del desencanto que se baña entre la miseria del alma entrañada en peldaños de angustia lacerante, en el desván de la insólita amargura que te ahoga una y otra vez llorona.

Llorona eres una insólita imagen, a quien apagaron en su manto junto a tu regazo, la aspiración de poder amar y ser amada, eres una llama en pena que busca afanosamente no extinguirse en el olvido de la indiferente soledad, eres un aguijón que pica con la desesperanza de la tragedia inmisericorde, eres sonar ardiente de campana, que llama a la iglesia a las almas errantes que se han perdido por no saber querer, por no haber amado nunca, ni siquiera a sus propias vidas.

En la penumbra apareces llorona, cargando vas esa cruz de tu sutil pero compleja pena, una tras otra se sucedieron tus tuertos, pero abundantes clavos que te prendieron al vejante madero, para despojarte sin vacilaciones de tu prodigiosa vida, que lucía antaño esplendorosa y plena.

Tan reluciente era tu aura que destellaba tu esencia como alcohol reminiscente que se desprendía de tus poros, satinada piel que condensaba el rocío de tus antiguas lágrimas de felicidad, incautas sonrisas que una vez fueron... el esbozo del mayor encanto de tu rostro, de mujer itinerante de caricias y ternura, de piel dorada por el esfuerzo inusitado del sol, que te quería abrasar con una bocanada de su inmenso fuego que se transporta por años luz.

De la abstracta cordura que te marcó por muchas lunas entre octubre y noviembre, entre el ocaso de un verano intenso de tu amar prolijo, como la caña despellejada de su concha en la zafra, hasta llegar a la premura de tu canto incoherente pero bello de primavera, que te envolvía entre nances agridulces de montaña que endulzaban tu mirada aguda de consuelo y ternura magistral.

Ahora caminas por senderos de tierra que se han de tragar tus beldades, más no tus recuerdos de arcoíris de hembra, amante de su ser tan especialmente dadivoso y solidario en la penumbra de las penas de otros malparidos, más no tu sencilla y remarcable hermosura tan grácil como fragante en la espesura de su mata abundante de cabellos castaños ahora, que se pierden en el horizonte como el último hálito que se nos va con la vida, ahora te retuerces entre las veredas mendigantes de ese, tu amor que te caracterizó para prodigar del aliento casi maternal, a los que aspiraron a tu ser de canela que impregnaba el alba con su respirar agitado, al saberse atormentada por los dolores de su infausta existencia.

Eres llorona pura de miel y mezcal, fina mezcla del desconcierto y la textura de tus besos de suave y delicioso cacao tropical, eres llorona vestida de verde y café que te arrancaron de tu matriz originaria, eres llorona de pimienta que degustan otras almas en sus papilas pernoctantes de afecto, llorona que me embriaga de su abandono con su destilada alma de lienzos manchadas por las lágrimas de sus ojos cansados de mostrar, su paradójica vida de sufrir por amar y de vivir por despojar cada dolor que la envuelve en telarañas abismales de desencuentros.

Y aunque se te haya ido la vida en el amor que te hundió en la oscuridad del desconsuelo por siempre, en la miseria del desencanto abrumador y la enjundia de la abominable tristeza que te secuestro de una vez y para siempre, te recordaré siempre en cada paso de tu fugaz alegría de terciopelo, en tu santísima prestancia de consuelo que marcan las melodías de una guitarra lejana, que se pierde rasgando las notas de tu alma malquerida, aunque nunca me pude cruzar por tus andares melancólicos de manzanilla rezagada, quizá ahora cruce por tus caminos de sangre y sal... tal vez ahora pueda encenderte un cirio o al menos una veladora para acompañar tu llanto llorona.

Llorona de albura celeste, llorona de tiempos dorados...

Llorona que infiltra mi alma hasta el amor más profundo que alguna vez se pudo sentir y que clama en la inmensidad de la absurda y oscura noche de todas las penas silentes de hombres y mujeres que jamás probaron el gusto del amor.

54

TERCERA PARTE

POEMAS PARA OLVIDARTE

El amor eros muchas veces termina siendo la tragedia más amarga y aguda del ser humano, nos devora y aniquila sin remedio, sin previo aviso, de improviso nos llega, pero así mismo nos desintegra y nos somete, nos vuelve entes frágiles que padecemos la enfermedad más exquisita pero también más dolorosa del alma que se abre de par en par para entregarse sin reservas, pese a saber que en ese proceso de amar se nos puede ir la vida misma.

NUNCA TE TUVE

Se asoma la ventisca de esta tarde sórdida y varada

los asientos de este anden de mi vida se suspenden

se ralentizan en el tiempo las promesas incumplidas

y los trenes vienen y van sin prisa, no tienen sosiego

se entretiene la parodia de mi historia mal contada

de vaivenes encontrados en la alternancia de tu olvido.

Aunque aún pudiese degustarte en mis pensamientos

esta espera me consumió la ilusión de brindarme para ti,

no te tengo, ya te perdí y realmente nunca te tuve

quise alardear de mis emociones tan llenas y vivas

fui sepultado entre los escombros de tu desidia

que se fue apagando con el ocaso de la fría luna.

Me confinaste a trasnochar entre amargura desierta

mc comiste la felicidad ingenua e ingente de niño

desbarataste mis sueños como el cristal al caer

que se hace añicos al golpear el duro suelo de mi destino

se repite esa escena entre arrumacos de tu ausencia

me disfrazo la esperanza y con traje de bufón actúo

La desesperación por amarte es muy cruel

tu indiferencia lo es aún más, eres lejana

eres pintura al óleo para ser contemplada

ya estás pintada y te recorro en cada detalle

en este museo de mis días desvencijados

que me ofrece galerías hacia el dolor

Se desploman las palabras que te adornaban

cae inerte la poesía que en ellas tu alumbrabas

procesión de indigentes versos ahora lloran

por la ilusa y remota idea de que fueses mía

barandas de ideas me comieron mis sesos

mientras repetían escenarios pródigos de amor

Tus labios infinitos carmesí hoy se alejan mas

desterrados de mi vida y así también se va el amor

calicata de sueños itinerantes en horizontes

sufragan tus finas fragancias que jamás conocí

el eco de tu voz resuena en la terrible distancia

se apagan los sonidos que me diste alguna vez

Noches satinadas de tu esencia en fragmentos

descarnados y fieles a tu triste historia escuche

la sapiencia de la madrugada ausculto tu aliento

y la dulce mezcla de tu figura con tu corazón abierto

nunca te tuve, aunque no puedo mentirte

que albergue la hipotética idea de tenerte aquí

Algún día en la inmensidad del infinito perverso

que nos cubre de realidades tan irónicas y viles

recordaras algunos de los versos que lance para ti

alguna vez quizá escuches la canción que te hice

y cada una de las poesías que ya no saldrán

para abrigarte con mi amor que se quedó latiendo.

DOLOR LACERANTE

Ya no sé escribir poesías que hablen de amor,

ni tu boca reacciona articulando versos para mí,

en esta gótica noche que se desparrama sobre nuestras almas,

solamente puedo avizorar que se extraña la lacónica nostalgia

del pasado.

Tu dolor es cada vez más agudo y lacera tus híbridas entrañas,

se introduce hasta tu alma como un artero puñal,

que siembra desesperanza en todo tu ser otrora fulgurante,

ya no existo en este plano demencial, me fui abierto junto a ti

en sangrante canal.

Dime si recuerdas esas voces en tu absorta mente,

que tajantes reclamaban su parte maldita de esta obra funesta,

no hay espacio para la brisa de ninguna sonrisa,

solamente existen aquí filamentos apagados de un amor que pasó

a mejor vida.

EN EL HORIZONTE (TE PIERDES)

Entre mirras exquisitas y albahacas efervescentes te consumo,

has sido una droga legendaria para mis deseos más internos,

tu boca la he pintado miles de veces con acuarelas de ladrillos,

esos que me hicieron prisionero de tus caricias que nunca tuve.

Los villanos más kafkianos no entienden de elegías oscuras,

cada vez que me prendo de tu cintura en mis ardientes deseos,

la metástasis que carcome mi alma se va extendiendo

y las velas que encendí hace medio lustro están por apagarse.

En el horizonte te pierdes mi amor de nadie,

mi dulce musa de verde aliento y negro pelo,

en el firmamento vas dejando regado tu legado,

así me hipnotiza la memoria para caer indolente en la utopía

de que seas mía.

No eres de nadie, eres ilusión y lamentos,

no eres inerte, eres brebaje caliente que me enciende,

no eres pasado, ni presente y mucho menos futuro,

eres ni más ni menos el ser que envuelve mi osada perdición.

¿Quién te regala esos encantos que me alumbran esta oscuridad?,

¿Acaso Dios se equivocó al darte parte de sus encantos?,

¿Quién osa ser abrevadero para saciar la sed de los incautos?

Y luego extiende sus finas alas en el extenso andamiaje de su coraje.

En el horizonte te pierdes mi amor de nadie,

silencio encuentro en cada atisbo de tu frágil sonrisa,

el tiempo avanza entre leyendas ambulantes,

para dormirme de una maldita vez entre noches amargas

de insomnio cruel.

¿Sos de la luna o de Venus o acaso eres una extensión de Casiopea?,

¿Podría pedirte alguna vez un beso tibio o acaso te robaron la pasión
con desilusión?

No me invites a tu mar de magníficos seres alados de señuelos
mitológicos,

pues mi mente ya no vuela en esos trotes de arcadia y fantasías.

Si pudiera ofrecerte algún elemento de esta vida,

no sabría si brindarte el viento impoluto de mis caricias,

el agua de cristales emancipados para que te abrace

o el fuego inquisidor de mis demonios para quemarte viva.

HOY NO HABRÁ CANCIÓN

Desde la calle más tenue de mis sueños te diviso,

ya no hay luces encantadas y mucho menos pan de adviento

en mi ser, el somero aire de tu esfinge malgastada se marchó

y se resiste a erosionar tu contextura de mujer de jade y granito.

El firmamento me absuelve entre lagunas de un vulgar hastío,

la muerte se entretiene con un café mientras intenta seducir

a la soledad,

son garantes de la preciada desazón que me condena,

mientras remo en las marismas de tu vil mente acicalada.

Hoy no habrá canción, solamente silencio y lágrimas en mi

habitación,

hoy me inspirará el vacío de mi alma desvencijada,

hoy la melodía para narrar en cantos descarnados

se volverá melancolía pues tu puñal dorado es una espina arpía.

Desde paredones incólumes se resiente mi agitada alma;

que ya no entiende de limitantes que se conduce por el estero,

de los confines sempiternos adonde no florece la alegría,

quién diera la vida por tenerte aquí pero hoy sólo tengo

tu ausencia.

Hoy no habrá canción que alimente a mi espíritu sediento,

hoy se desgranan rosas grises en la antesala de mi tormento,

las gaviotas hoy fueron desplazadas por majestuosos cuervos

y tu olor de hembra repta en mi memoria mientras me hieren

mis lamentos.

Desde la insólita imagen de aurora que un día proyectaste,

alucinan filamentos de acordes contagiados por tus pasos,

esos que se pierden en los abismos demenciales,

esos que no alcanzan para gritarte que hoy amada mía...

no habrá canción.

APNEA

Una vez más llegue tarde a mi angosto destino,

me siento desfallecer entre sueños vencidos,

palidezco ante la ausencia del preciado aire,

que me catapulta hasta el mundo impositivo.

No sé si es fatiga física o mental este delirio,

pero me alargo entre la mar inmensa de tu ser,

voy sumergido bajo presión en el alba recelosa

esa que alienta a los pecados innombrables.

Azotea interminable de oraciones carcomidas,

profundizan mi visión acelerada de este final,

la precisa y dolorosa pérdida de la cruel razón,

se siente bajo este manto turquesa de la mar.

Atolones de lamentos hoy despuntan al nacer,

con sus picos ariscos y afilados me desangran

mis pulmones ya no dan más y entré en la paz,

de esa satírica locura de quererte siempre mía.

Adolezco de sentires de dramaturgo añejo,

cada verso se entremezcla en tu silencio,

la aventura trasnochada de un esperpento,

me conduce hasta la cálida sonrisa de tus sueños.

El soneto que compuse hace unos días,

tiene tintes de tentarme a sumergirme más,

leguas marinas, lenguas de blanca espuma,

mientras tu espíritu entra en mis frecuencias.

No sé hasta dónde podré resistir el contener,

la sapiencia de estos años acumulados de sal,

se desborda la marea de la abstinencia surreal,

y tus caricias me bendicen traspasándome al infinito.

TRISTEZA FLAGELANTE (QUE ME DEJASTE)

Yo nunca he podido saber si el viento se cansa,

no sé qué pasa a lo interno del magma que ebulle del núcleo terrestre,

pero si he podido comprobar los daños colaterales,

de tu abundante indiferencia que me engulle todas las ganas de haberte amado alguna vez.

La tristeza se encarna en la totalidad de mi alma,

mimetiza a mis dolores y se ha sembrado en los tuertos patrones de mi enredada existencia,

allá donde han tratado de volar se han tenido que aplacar,

dando paso a la tormenta de granizo silencio ante tu lacerante olvido.

¿A quién le importa este sufrimiento sino a tu propia sombra que te consuela?

Las pesquisas por desear saber de ti se derrumban un ápice más cada día,

cada segundo es una daga que se incrusta en mis vísceras abiertas,

ante el desdén marcado por tu mezquina sonrisa.

Tristeza flagelante que me dejaste desde hace muchas lunas de recuerdos,

esa que aún tibia me lame con placer estas estériles heridas,

no pueden cicatrizar pues vuelven a supurar sangre al traerte a mi frágil memoria,

que para colmo se tatuó tu nombre en los recovecos más viscerales de mi ser.

NO ME DIGAS QUE HACER

Los sueños se dispensan en tus dendritas

cada ligera mota de ilusiones se dispersa

en una lluvia intensa de pasiones desnudas

que aligeran su paso en cada metamorfosis

de supras historias añejadas por tus caricias

de candilejas adobadas por el retoño del amor.

Te muestro mi costado aun traspasado

dime que aun los dementes se divierten

que los estertores de tu orgullo son fieles

mientras llevan a cuestas este insomnio

que la metástasis de tu tristeza se desboco

cuando el aire se vuelve escaso en tu pecho.

No me digas que hacer en este tiempo gris

si te apoyas en la paciencia del viejo cielo

que no se alineen los astros de esa amargura

en esta rutina longeva de escarbar el dolor

rufianes desaliñados del tiempo hoy mueren

mientras te apegas resistiéndote a morir.

Las sombras iracundas de la vehemencia

hoy perduran en el arrastre de tu sonrisa

que se pierde ajena al paraíso de tus besos

inmisericorde entre proezas de tu lengua

mimetizada mientras recorría mi cuerpo

en arrumacos desdeñados desde tu brisa.

No me digas que soy un genio mas

que no ves que la tormenta me derrumbo

justo cuando se alzaba desde la niebla

mi voz rugiente que rompió el silencio

de tu mestiza mascarada de canela

fragmentada en los aromas de tu cuerpo.

¿Cuantas leguas más recorreré?

entre tumultos de caricias y arena

en la espesura de tus viles carencias

en la remota premura de asfixiarme

mientras ríes de mis heridas abiertas

en la somnífera esencia de tu amnesia.

No me digas que más tengo que hacer

en los reclamos que le hago a la luna

de no alumbrarme en mis días más aciagos

no me digas que más puedo pretender

si me metiste en el más profundo recoveco

de donde no se puede escapar ileso.

CUANTAS VECES (TE HE PERDIDO)

Ya perdí la cuenta de cuantas veces te he perdido

te perdí en la distancia, te perdí en el sosiego

te perdí una y otra vez tratando de mutarme

de convertirme en lo que no seré nunca para ti.

De ser transfigurado en las brasas de tu esencia

que me deshacen en el compás de tu eterna espera.

Mediática es la luz de tu presencia, me intuye tu ser

me arropa tu prestancia de lucir el desarraigo voraz

que inyecta a mis ojos como mandrágora mortal

que se eleva en las sienes de un presunto ritual

de principiante con el afán de ser ascendido

hasta los dominios fugaces del sentimiento más visceral.

Ya perdí la nostalgia de saber arrebatar el amor

los improperios de tus lunas se perdieron en mi ocaso

de ser miserable ante el miedo de pulir mis sentimientos

de abnegarme inmenso ante el portal de tu benigna sonrisa

que me adoctrino en caída libre desde aquella vez que te vi

perfecta hembra de cadencia silente, de senos divinos,

de piernas torneadas hasta el punto de la locura

perfectamente cincelada en la materia más sublime.

Hoy me fracture la memoria, no puedo regresar a verte

tus caricias sin tiempo me estropearon mi motriz andar

siquiera el soporte frágil de tu copa de besos audaces

me sostiene ralentizado en cada imagen que guarde

de tu lívida alegría que sabe a gloria y a infierno

de tu hermosa sonrisa que me absuelve y me condena

de tu cuerpo de renacimiento que me sabe a todo y a nada.

Cuantas veces te he perdido, en la matriz de una historia

en la licencia de mis locuras que adrede se enrarecen

en la presión de los lamentos fundidos por desearte tanto

un solo beso estampado en tus labios marcaría el preludio

de una vida plena y benigna, rebosante de alegrías.

¿Cuántas veces te he perdido?, eso… aun no lo sé,

quizá de hecho nunca lo pueda saber

solamente sé que te he perdido

en la insolente vida que es cruel e injusta

en las opciones inexistentes que me diste

en la materia del tiempo irreal que nos consume

en el delirio de desearte una y otra vez

en el criterio más tuerto de no pedírtelo

en la miseria de la pasión que me quema

en la ingente paciencia por poseerte

en la bendita inocencia de no saber qué hacer

en la maldita injerencia que se cierne alrededor

en la asombrosa memoria que se resiste a olvidarte.

Mientras seguiré preguntándome una y otra vez

sobre cuantas veces te he perdido y en esta infinita espera

me sentare en los escalones de mi antigua esperanza

para aguantar los embates de mi memoria que te anhela

entre suplicios de caricias, ante el clamor por un solo beso.

¿QUÉ TENGO PARA TI?

Rebusque en los caminos olvidados de tu amor desierto,

me di cuenta que tus pasos lentos se perdieron en la niebla,

no me llames nunca más, pues mi alma solamente puede sangrar,

ante la insolente indiferencia cuando no supiste darte cuenta,

que te implore que me quisieras, aunque fuese en la banal distancia,

que te pedí un poco de amor desde este corazón que se aloca,

que te desee como el sol abrasa la tierra que se lateriza de pasión,

que te invoque como el cultivo sediento clama a la lluvia

en mi cruel verano.

¿Qué tengo para ti?, pues ya no tengo nada mi musa prohibida,

me secaste como la quebrada que ha sido deforestada,

me hiciste tempano pues tu calor de hembra no me quiso calentar,

me volviste un mercenario vacilante que vaga por tus mieles,

me sacaste las palabras que se perdieron con mi amigo el viento,

sonsacaste la esperanza de creer en tus besos como fuente

de mi salvación,

me agobiaste entre tormentos de desearte a cada infeliz momento,

me volaste las arterias que conectan a este febril corazón.

¿Qué tienes para mí?, nada más que el pan de la naciente mezquindad

que se atora en mi garganta consumida por el bendito olvido, se desbordan los paisajes más oscuros que me avientan,

al desparpajo de lucirme cual bufón de talento imponderable,

de marcarme las heridas que renacen día a día en la locura de estar vivo,

de tenderme en las caricias que me lanza la puta miseria,

de pretender ser prototipo de un caballero cruzado por tu amor,

bajo el estigma de nunca haber bebido de tu fuente tan bendita.

¿Qué tengo para ti?, ya hoy no queda nada del ser que alguna vez fui,

la sonrisa mutilada está esperando por un abrazo tuyo que me inflame,

en ardiente recorrido que se desprende desde tu ser que nunca estuvo,

para cuidar de esta alma que se muere en cada latido desteñido.

La felicidad se suicidó hace muchas lunas mientras bailaba,

bajo sonidos taciturnos de una melodía que solo brinda dolores,

en las tabernas donde ahogo mis penas relucientes del hastío,

mientras espero la llegada de la muerte en ropajes finos de la soledad.

EL SONIDO DE MI SILENCIO

Calma absoluta en este valle de soledad,

se despliegan las alas de tus comisuras,

ahora no son tan frágiles, son tormenta,

son el vinagre que me transfigura el sentir.

El sereno pasado de tu creación de seda,

última instancia de tus besos aterciopelados,

me quedo absorto y atolondrado en el espacio,

mientras recuerdo que alguna vez jugué ahí.

Tintes claroscuros del devenir se ciernen,

es la abstracción del silencio más recio,

que nos descubre desnudos y tapiza el alma,

es la ilusión de mantener la cordura ardiente.

Desvelos de una vida plagada de luces tenues,

el improviso de una estrella amalgamada,

la ventana abierta a la realidad sin improperios,

el ocaso naciente de tu amor subyacente.

Me subyuga el dolor y no te puedo liberar,

vas arrastrándote en las veredas del ayer,

consumida por la triste y vil monotonía,

que te caza grácil en silencio una y otra vez.

Mis defectos ahora son muchos más,

no me cautiva la deplorable fragancia,

del desdén inaudito que me torturó el alma,

en ese, mi silencio que avasalla tu pesar.

Me he estancado en las orlas taciturnas,

de éste estanque de tendencias tan frías

voy contemplando su grandeza paulatina,

mientras la brisa patrocina la amnistía.

Pienso en la naturaleza de tu ser mezquino,

voy inhalando los aromas de esa aurora,

tan adicta a la desidia que pernocta por aquí,

pues quizás hoy me eleve al silencio magistral.

LA INMENSIDAD

Más allá de tus suspiros late la impaciencia,

resquebrajada está mi alma mientras divaga.

Un alud de preceptos ermitaños se desprende,

desde tu frio amanecer, desde tu ardiente atardecer.

La luz es timorata a veces, se esconde tras el bosque

de los consuelos remitentes,

se escurre en el destierro ficticio de mis temores,

se avienta en caída libre hasta los celos omnipresentes del universo

y se suicida en la melancólica melodía del amor inconsciente

que siempre hiere.

El cielo huele a escarnio últimamente,

los vientos son pasajeros impávidos ahora,

la crema espesa de estrellas alimenta la matriz,

del retoño salobre que acicala el vil absurdo.

En la inmensidad de nuestros miedos subsanamos la misericordia,

de los despojos sin aliento en que nos hemos convertido,

mientras vuela la avaricia de sostener las penas,

de aquellos sueños recogidos en la bahía de tus recuerdos olvidados.

Despacio se va el huracán mixto que nos desoló,

la tierra arde ante la impotencia de los héroes agendados

en historias residuales de la vida.

En la inmensidad también residen los complejos reductores

de las desgracias,

que nos golpean y torturan sin darnos tregua.

La simiente estela del abandono hoy se multiplica,

convidándonos de su larga y agria espera.

Las virtudes de los santos se descalcifican,

abriendo grietas en heridas que sangran profusamente.

Más allá del horizonte descansa la inmensidad, espera por ti,

también lo hace por mi...

ESTE SILENCIO UN DÍA SE VOLVERÁ POESÍA

En días en los que no puedo dormir por tu recuerdo,

más allá de transitar por viejas calles en mis sueños,

me trastorno de coherencias absurdas, me emociono,

solamente con el delicioso hecho de revivir tu sonrisa.

Hay silencios sepulcrales, hay silencios que asesinan,

tu silencio es fantasía, es incertidumbre, es ironía.

El silencio es materia de la cual no tenemos conocimiento,

es orgullo prodigado para él que lo mantiene,

es delirio lacerante para quien desea que se acabe,

es profanación de lo sentido, es esencia ralentizada,

del sentir que desea escapar, del afecto que se duerme.

Silencios miserables van y vienen en la penumbra de mis días,

se adultera el sacrificio de la espera, las palabras cosidas.

Amarrada está la voz taciturna que se pierde en tu pecho,

apesadumbrada la tonalidad que genera el encanto de ella,

es ardiente el deseo de saber que merodea tu mente,

es latente el sinsabor de no pernoctar en tu corazón,

es perturbador no existir en los sueños de alguien más,

es el desencanto de vivir sin la comparsa de la alegría,

que la provee tu mirada clandestina que se pierde,

que la promueve tu sonrisa furtiva que me motiva.

Este silencio un día se hará poesía, lo hará y estallará,

desmembradas quedaran las frases que intenten capturarte,

ensombrecidas las palabras que intenten con sus rimas acosarte.

En ese silencio espero escuchar tus gritos de libertad,

incesantes y altivos en decibelios imperceptibles,

pero descomunalmente atractivos para tu felicidad.

En el entramado de melancólico silencio respiro mi agonía,

me trato de sacudir, pero no tiene sentido,

me atrapa la gestación de tu pulso cansado y espero,

espera que se vuelve eterna, espera que se lanza al vacío.

Dicen que el silencio es la cesación del sonido,

pero tu ni eso me das, te desearía en el ruido de tu voz,

que me acariciara dulcemente los oídos.

Eslabones perdidos se curten del óxido de tu desnuda voz,

que se calló hace mucho, confabulada con tu dolor,

dolor que proviene de las ofensas recibidas a lo largo de tu vida,

de ritmos desesperantes que trasquilan y ofuscan,

la vigilia para producir el perdón en tu pecho,

casi sin respiración, a punto de rebalsar en el grito,

que al final te lo comes en tu ser más integro, más interno,

con la continua exclamación renacentista de tu aparente alivio,

que procura al final fabricar suspiros para cambiar tu alteración.

De vez en cuando la quietud se rompe y externa su pesar,

son las almas que se las lleva el viento de la tarde,

ahí va también la mía en el sediento pavimento.

NUNCA PUDE (APRENDER ESA CANCIÓN)

Mujer nunca pude aprender esa canción,

que me dedicaste a la sombra de aquella vieja ceiba,

amores añejos que siempre se perdieron,

que siempre mantuviste encarcelados en tu ser.

La balanza de mis sueños perdidos hoy transgrede,

la razón de una pasión abrumada flotando,

en el estanque de mis deseos más honestos,

en el acuario de mis ardientes premisas que te revisten.

La empatía por los grises que te someten hoy permutan,

en fantasías de elencos supernumerarios,

en filosofías subyugadas por el ardor de tu cuerpo,

por mi demencia prolongada al gemir por tus caricias.

Me dijiste que las mariposas escapaban de la lluvia,

para no estropear sus finos ropajes de primavera,

que la hoguera de aquella cabaña se encendía aún más,

cada vez que nuestros cuerpos delirantes se poseían.

Mujer si quisieras ahora mismo venir y acabar de una vez,

con las maravillosas mentiras que me hiciste creer,

si pudieras tener la gracia vigente de tu vientre oscuro,

para terminar esta historia sin final en la estación

de las viejas hadas.

Desearía tener ese poder de la inmensidad,

doblegar cada situación que te proyecte a la eternidad,

suspirar entre montañas para sacarte de la profundidad,

extasiarme en las formas imponentes de tu cuerpo a perpetuidad.

Sabes muy bien que nunca pude aprenderme,

esa canción que tarareabas entre los cúmulos de nubes,

sabes que me deshacías entre tus piernas y que mi corazón penaba,

cada vez que entonabas esa melodía para tornarme salvaje.

Supiste siempre de tu grave efecto sobre mí,

aun así, no me tuviste meridiana compasión,

de tus cabellos brotaban injusticias para reprender mi alma,

que se moría a cuentagotas mirando al horizonte vacío.

Una y otra vez trate de recordar bajo el cielo frío,

esa canción de hechizo que me cantabas,

nunca la pude aprender ni hacerla muy mía,

tal como quise... que alguna vez fuese contigo.

SOÑANDO IMPOSIBLES

Hoy me desperté soñando algunos imposibles,

irónica angustia pues no suelo soñar finales felices,

los deslices de mi alma son asomos de la vanguardia peyorativa que envuelve un oscuro secreto.

Llueven pájaros de un fuego excelso que rasgan el firmamento,

me incordian las reminiscencias de cada recuerdo adobado que me presta tu ser,

el sol es tímido aún y yo dejé de serlo demasiado tarde,

las nubes peligran en el abandono absoluto del extenso lienzo celeste,

mis palpitaciones se tornan cadenciosas y sufragan la demencia de mi corazón,

el viento dice amarme en la inmensidad de su abstracta ilusión que me vuela lejos,

me desperdiga diseminando mi frecuencia arisca de pastor abrumado ante su rebaño.

Voy salpicado y acabo de despertar, la violencia de un sueño cae al suelo, se vuelve una ingente pesadilla consciente,

La historia de esta trama se vuelve tremendamente absurda y me sacuden los estertores de tu presencia emanada en cada parpadeo que sincronizas con tu sonrisa,

cada suspiro es fragancia esparcida desde el cielo de tu siempre voluble y vulnerable cuerpo que me tienta a hacerte peligrar esa, tu integridad de hembra, vil y delicada.

Trato de reponerme de ese despertar, anhelo poder transfigurarme en tu esencial presencia,

atisbo una última mirada hacia el horizonte inmenso y lejano,

sé que solamente fue un sueño, y la realidad me abofetea de manera brusca.

No creo que haya muchos sueños más que pueda atesorar y le suplico a Morfeo que me brinde la bendición de sentirte siquiera en la exquisitez de mis sueños apasionados,

en las leyendas taciturnas que me cobijen las elegías y así no fallecer ante los celos de no poseer ni tu alma extasiada de gacela, ni tu cuerpo forjado de ornamentos de graciosa anatomía.

ELIJO ALEJARME (DE TI)

Dejaré de ser estoico pues no me sienta bien,

dejaré de pretender ser fuerte pues mi resistencia es frágil al final,

ya no lucharé por ti pues comprendí que no habrá un final feliz,

la tormenta quizás un lejano día se detendrá.

Elijo alejarme de ti pues debo intentar sanar,

a mi incauta alma que se prendió un día de tu ser,

que se iluminó con tu luz, aunque era solamente prestada,

que se martirizo con ilusiones desbocadas que agilizaron

mi última bocanada.

Dejaré de fingir que puedo aferrarme a la nada,

a la inmensidad de una hermosa historia que solamente

subsistió en mis sueños,

dejaré de tomar partido donde solamente se me codifico a perder,

revestiré mi espíritu roído que se perdió en la vencida esperanza.

En este inicio de un vil septiembre funesto,

llueven lágrimas de sangre de un corazón lacerado,

el ocaso del fracaso me venció al despertar,

no tiene mayor sentido ilusionarme al andar.

No comeré más fantasías de intentar pensar algo contigo,

me dejaré de latir este amor, aunque me duela en las entrañas,

total, esta alma ya está muy marchita y se seca cada luna que pasa,

elijo alejarme de ti pues comprendí que mi vida ya la perdí.

ACERCA DEL AUTOR

DANIEL HERNÁNDEZ ES UN NOVEL POETA HONDUREÑO, DE PROLÍFICA Y DESFACHATADA IMAGINACIÓN QUE SE HA DEJADO SEDUCIR POR SUS DEMONIOS INTERNOS PARA TRAERNOS ESTA SU PRIMERA OBRA LLAMADA: POEMAS PARA AMARTE Y OLVIDARTE. CON UN CORTE LIRICO AMBIENTADO EN EXQUISITAS FIGURAS LITERARIAS, COMBINANDO LA FANTASÍA CON LA REALIDAD Y HACIENDO USO DE UN PROFUSO SENTIR QUE SE DESPARRAMA MUY DESCARNADO EN CADA VERSO, VA ATRAPANDO AL LECTOR Y HACIÉNDOLO UN ÍNTIMO CONFIDENTE QUE SE VA ENCONTRANDO EN MUCHOS PASAJES EN LA MEDIDA QUE SE ADENTRA EN ESTE VIAJE INTENSO QUE NACE DEL ALMA DEL AUTOR.

UN POEMARIO QUE ENCIERRA EXPERIENCIAS PERSONALES MUY SENTIDAS E INTROSPECTIVAS, PERO ASIMISMO OTRAS TANTAS HISTORIAS FICTICIAS QUE SURGEN DE UNA MENTE EXQUISITA EN EL USO DE LAS PALABRAS PARA PLASMARLAS A LA DISPOSICIÓN DE QUIENES BUSCAN DESESPERADAMENTE EL AMOR, O QUIZÁS SIMPLEMENTE CAPTURAR LAS QUIMERAS DE LA ILUSIÓN QUE A VECES ESTE REPRESENTA PARA LOS SERES HUMANOS.

HERNÁNDEZ, INGENIERO FORESTAL DE PROFESIÓN, AMANTE DE LA NATURALEZA, ACTOR, MÚSICO Y CANTAUTOR, NO SOLAMENTE ESCRIBE POESÍA ROMÁNTICA, SINO QUE ADEMÁS ABORDA OTROS TÓPICOS NO TAN COMUNES COMO LA POESÍA ERÓTICA, SOCIAL, AMBIENTAL Y TAMBIÉN LA INTROSPECTIVA PERSONAL, EN UN ESTILO A VECES LIBRE, PERO SIN PERDER LA ELEGANCIA DE LA BUENA PALABRA ESCRITA, ESTOS OTROS TEMAS LOS IRÁ ABORDANDO EN LOS PRÓXIMOS LIBROS QUE PLANEA EDITAR PARA EL DISFRUTE DE SUS GENTILES LECTORES.